DISCOURS
D'OUVERTURE
D'UN COURS
DE
MÉDECINE - DENTAIRE,

Prononcé, le 6 Mai 1817, dans la Salle des Concours de l'Administration des Hôpitaux,

PAR M. DELABARRE,

Docteur en Médecine, Chirurgien - Dentiste du Roi, en survivance, et de Son Altesse MONSIEUR; Médecin-Dentiste de l'Hospice des Orphelins; ancien Médecin-Dentiste des Hôpitaux Civils de Rouen.

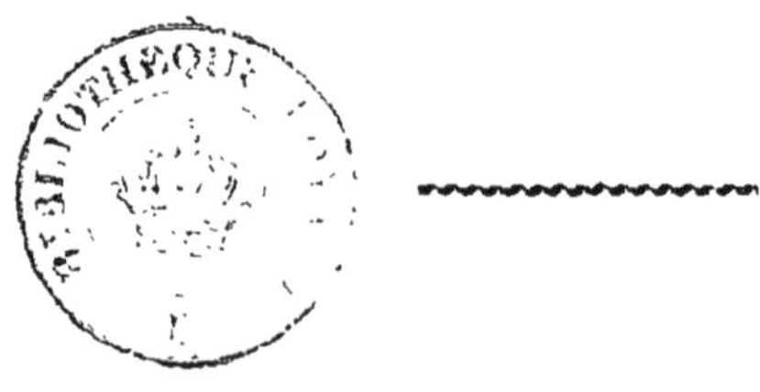

A PARIS,

De l'Imprimerie de COUTURIER, rue S. Jacques, n°. 51.

1817.

DISCOURS

D'OUVERTURE

D'UN COURS

DE MÉDECINE-DENTAIRE.

MESSIEURS,

C'EST la première fois qu'il sera fait, en France, un Cours spécial sur les maladies de la bouche. Elles méritent toutes de fixer l'attention de ceux qui se destinent à l'art de guérir. Ces maladies sont nombreuses, fréquentes, souvent légères, par fois dangéreuses, quelquefois même mortelles. Plus qu'aucunes de celles qui affectent nos parties, elles sont à la fois du domaine de la médecine et de la chirurgie. Elles doivent être considérées sous ce double rapport. Les organes contenues dans la bouche sont importans. Les uns servent à établir les rapports de l'homme avec les êtres au milieu desquels il vit, les autres sont nécessaires à l'entretien de son existence. Il est d'ailleurs des considérations importantes qui ne doivent pas être étrangères au physiologiste ; on a trop long-temps abandonné la médecine dentaire à des mains purement ouvrières.

Les dents étant des os dont l'utilité n'a pas besoin d'être démontrée, les hommes ont dû sentir de tout temps l'importance de la conservation de ces parties d'eux-mêmes. Si l'on réfléchit sur leur position, sur leurs usages, ou sur leur organisation intime, on verra que nuls de nos organes ne sont plus exposés à éprouver des affections morbifiques : les chocs, l'usure, l'impression du chaud et du froid, sont autant de causes qui tendent à les détruire. Peut-être même les maladies des dents furent-elles les premières que l'humanité ait éprouvées, et contre lesquelles on aura cherché des remèdes.

Si, portant des regards curieux vers l'antiquité, nous cherchions à démêler ce qu'était dans les temps reculés cette branche de l'art de guérir, nous pourrions présumer, d'après ce qu'en dit Hérodote, le plus ancien historien grec dont les ouvrages nous sont parvenus, que les Egyptiens avaient des prêtres médecins, dont quelques-uns se livraient d'une manière particulière, à la guérison des maladies des dents : mais les préjugés religieux inspirant alors une certaine horreur pour l'anatomie humaine, la pathologie se trouvant privée de ce flambeau si précieux, et la médecine empirique étant la seule qu'il fût possible d'exercer, les maladies de la bouche durent être mal étudiées.

Dans la Grèce, le sacerdoce ne s'occupa que du service divin : ceux qui cultivèrent la médecine, furent des philosophes, ils l'embrassaient dans toute son étendue. Il en fut de même à Rome, les ouvrages que nous possédons, d'Hyppocrate, de Galien, de Celse et des divers médecins de l'antiquité, font mention des maladies des dents, et des différens moyens qu'on employait alors pour les guérir : mais ces grands hommes n'en ont parlé que d'une manière très-concise, et seulement comme devant occuper une place dans leurs cadres nosologiques ; ils ne se sont point étendus sur les opérations que nécessitent les maladies dont le dentiste s'occupe spécialement.

Les naturalistes anciens n'ont pas négligé la physiologie de ces organes, ils ont même partagé les animaux en diverses classes, suivant la forme de leurs dents. Pline l'ancien, qui écrivit son histoire naturelle, du temps de l'empereur Vespasien, dit même qu'on avait traité ce sujet bien avant lui. Mais la barbarie qui succéda, à plusieurs reprises, aux temps les plus florissans, a détruit tous ces dépôts précieux des connaissances humaines avec d'autant plus de facilité, que les livres n'étaient alors que manuscrits.

Quoique l'histoire de la médecine soit enveloppée d'obscurités, on distingue cependant au travers, les fables dont les écrivains grecs ont ombragé les faits qu'ils ont rapportés, que l'Egypte a été le berceau de l'art médical, que c'est là où les Grecs et ensuite les Romains furent puiser les premières notions de cette science; que chez ces peuples elle occupa un certain nombre d'individus, qui étaient à la fois médecins, chirurgiens et pharmaciens. Ils faisaient préparer chez eux les médicamens, et ils avaient des laboratoires, où des subalternes pansaient les plaies et faisaient les opérations de la chirurgie. Hyppocrate lui-même ayant senti qu'il était impossible de pratiquer toutes les parties de l'art avec un égal talent, exigeait de ses disciples le serment *de ne pas opérer eux-mêmes, mais de confier les instrumens à des ministres dociles, fidèles, instruits et accoutumés à exercer leur dextérité.*

Il est probable que des officines de ces docteurs sortaient les empiriques ambulans qui parcouraient la Grèce et l'Italie, vendant des médicamens et donnant des consultations. Aristote, dont le père était médecin, fit ce trafic pendant quelques années, avant de se livrer à l'étude de la philosophie sous Platon son maître, 384 ans avant l'ère chrétienne.

Parmi ceux qui se répandirent ainsi de toutes parts, il dut s'en trouver un grand nombre d'une ignorance extrême et chez lesquels l'adresse et l'industrie tenaient lieu de savoir; réduits alors à vanter leurs amulettes, ils profitèrent de la crédulité des peuples, les places publiques devinrent le théâtre de leurs exploits, les jours de marché ceux de leur recette; adroits jongleurs, menteurs effrontés, ne sachant pas conserver, ils se vantaient de détruire avec dextérité. C'est ainsi que quelques parties de la médecine et de la chirurgie devinrent la proie du plus vil charlatanisme. Les maladies des dents étant assez communes, durent favoriser davantage leur cupidité; les opérations qui se pratiquent sur ces organes, devinrent le sujet de leurs spéculations, et la chirurgie-dentaire honteusement déshonorée ne fut plus exercée que par des gens de la classe la plus abjecte, des mains desquels on avait essayé souvent, mais en vain, de la tirer : néanmoins les grands médecins, dont les ouvrages sont arrivés jusqu'à nous, n'abandonnèrent point entièrement la chirurgie-dentaire; Hyppocrate lui a consacré un assez grand nombre d'articles. Galien reprochait déjà de son temps aux médecins de négliger de s'instruire sur la chirurgie, et d'en abandonner l'exercice à des hommes ignorans. Celse même s'en est occupé puisque, le premier, il s'attribue l'emploi de la lime pour enlever la carie qui attaque ces os : mais la décadence de l'empire romain plongea cette partie de la chirurgie dans l'oubli le plus absolu ; elle y est restée plus long-temps que les autres branches de l'art de guérir, en raison de ce qu'elle ne traite que des organes dont la perte est à la vérité fâcheuse, mais dont la privation n'apporte quelquefois aucun dérangement sensible dans la santé.

Enfin la chirurgie, après avoir été long-temps asservie, souleva le poids dont l'accablaient le préjugé et l'orgueil des prêtres médecins d'alors, et après eux les médecins physiciens qui, à l'exemple de Galien, considéraient dans le corps humain des parties nobles et ignobles, et dans l'exercice de leur art, des parties honorantes et déshonorantes.

En France, le Roi Louis IX la favorisa et l'honora, en attachant Jean Pitard au service de sa personne. Il fonda en même-temps une école où les jeunes chirurgiens furent instruits; on astraignit à des examens ceux qui voulurent exercer la chirurgie, et quoiqu'elle restât encore subordonnée à la médecine, cet art regagna une partie de la considération dont il aurait toujours dû être environné.

La chirurgie ne date donc en France que de l'an 1250 environ; mais sous François I.er, les chirurgiens désirant avoir des subalternes, ainsi qu'ils l'étaient eux-mêmes des médecins, choisissaient dans les parties de leur art celles dont l'exercice leur paraissait noble, et ils satisfirent leur orgueil en prenant des garçons qui, de même que du temps de Rome, pratiquaient sous leurs ordres les petites opérations; c'étaient ceux-ci qui faisaient la barbe, saignaient, faisaient l'évulsion des dents etc. Bientôt les mêmes causes entraînèrent les mêmes inconvéniens; le mépris des choses rejaillit sur la profession; en 1748, les barbiers repoussés avec raison par le corps des chirurgiens, se répandirent dans les bourgades, ou bien ils parcouraient les villes des provinces. Ils disaient ôter les dents sans douleur; mais, trompant sur ce point comme sur tant d'autres, le proverbe de menteur comme un arracheur de dents, fut imaginé par leurs dupes. Ils étalaient des chapelets de dents pour attester leur dextérité, et portaient au bout d'un bâton une masse qui figurait grossièrement une dent, et qui servit ensuite à indiquer leur demeure, lorsque la police les empêcha de faire d'une place publique le lieu de leurs opérations. Malgré les progrès de l'art, c'est l'image de cette grosse dent que l'on retrouve encore à la porte de plusieurs dentistes de la capitale, et qui aurait dû en être expulsée depuis long-temps; car c'est cette dégoûtante machine qui ne les fait que trop souvent confondre encore aujourd'hui, même par les médecins, avec ces misérables qui ont pendant tant de siècles été cause que la chirurgie de la bouche est restée en friche et dédaignée. Bichat a dit dans l'éloge de Desault : « Le génie s'émousse quand il est avili ». En effet, ces temps ne sont pas encore éloignés où un barbier ne se souciait pas d'ôter une dent cariée, de crainte d'être regardé comme un escamoteur.

Malgré cet état d'abaissement où était tombée la profession de dentiste, quelques chirurgiens instruits, guidés par un goût particulier, s'adonnèrent néanmoins à l'étude des maladies et de l'anatomie des dents, et désirant concourir au bien de l'humanité, ils s'en occupèrent plus particulièrement.

Depuis 1500 il avait paru quelques écrits sur les affections des dents; mais Urbain Hémard est le premier chirurgien français qui en ait traité d'une manière spéciale, en 1582. Cependant le corps de la chirurgie rassembla insensiblement les membres épars qui n'auraient jamais dû en être séparés; les maîtres qui exerçaient cet art obtinrent en 1699, qu'il serait fait défense à ceux qui voudraient être dentistes d'embrasser cette profession sans avoir passé deux examens, l'un sur la théorie et l'autre sur la pratique. Cette petite victoire remportée sur les empiriques, força ceux qui voulaient opérer sur les dents, de suivre des cours de chirurgie; nos Rois eux-mêmes encouragèrent cette branche, en comprenant dans leur *Faculté* un chirurgien-dentiste.

Cependant toutes les parties de cet art si utile n'avaient point encore été rassemblées en un corps; elles devaient l'être enfin. Fauchard, homme d'un mérite distingué, le présenta sous son véritable point de vue. Il entreprit cette tâche honorable en recueillant tout ce que l'expérience et la lecture de quelques petits traités isolés lui avaient appris; avec ces matériaux, il composa un ouvrage qu'il fit imprimer en 1746, et qui est encore la source où nous allons puiser. Ce chirurgien, sentant que l'étude des maladies des dents n'était point indigne de l'attention des hommes instruits, fit quelques bons élèves, et il émit le vœu qu'on exigeât de celui qui voudrait se livrer à cette partie, les mêmes connaissances que l'on est en droit d'attendre des autres chirurgiens; et que des cours particuliers fussent faits sur les maladies des dents. Si son projet eût été adopté et mis à exécution, on aurait tiré cette portion de la médecine de la boue où la tenaient plongée les préjugés de quelques chirurgiens réputés dans le 17e. siècle.

L'art du dentiste traîna donc son humble existence, courbé sous le poids d'un ridicule dont se plaisaient à le couvrir ceux qui exerçaient alors la grande chirurgie. Parmi eux, on cite avec peine le nom de Dionis. Plusieurs élèves qui suivaient ses Cours, et qui auraient pu s'y livrer avec fruit, étaient retenus par l'amour-propre ; il n'a fait en conséquence que des progrès très-lents, et seulement quand il se trouvait un homme instruit assez philosophe pour se mettre au-dessus du préjugé. Il en fut un, auquel ceux qui s'occupent de la chirurgie doivent des hommages de reconnaissance ; Jourdain, dont les cendres sont à peine refroidies, joignit à l'adresse nécessaire aux dentistes, des connaissances très-étendues. Son ouvrage en deux volumes sur les maladies de la bouche, imprimé en 1778, est un recueil précieux d'observations qui jusqu'à lui étaient éparses dans des mémoires isolés. Il est encore quelques écrits modernes qui prouvent que cet art n'est plus enfin abandonné des savans. Nous avons même d'excellens écrits dont les auteurs, quoique simplement dentistes, sont bons à consulter. Combien ne devraient-ils pas l'être davantage, si l'on y trouvait des raisonnemens toujours d'accord avec les principes actuels de la médecine !

Tandis qu'avec insouciance notre faculté abandonnait à des mains seulement adroites l'usufruit d'une portion de son patrimoine, les Anglais virent s'élever au milieu d'eux un homme dont le génie ne trouvait rien au-dessous de son attention. Hunter sentit l'importance d'instruire ses élèves sur toutes les parties de la chirurgie, aucune ne lui parut indigne de lui ; il ouvrit en 1755 un cours public de chirurgie dentaire, et il le continua chaque année. Son début fut un triomphe ; nous avons de lui un traité sur l'histoire naturelle des dents humaines. Dans cet excellent ouvrage, tout ce que l'anatomie la plus minucieuse, tout ce que le génie le plus vaste peuvent avoir fait découvrir, y est contenu. Jusques-là rien de semblable n'avait encore paru, l'encyclopédie méthodique s'enrichit en France d'un article précieux sur les dents. En Angleterre, l'émulation naquit des succès de ce savant chirurgien : les docteurs Blacke et Monro suivirent les traces du grand anatomiste anglais, et ont fait de très-belles observations sur la physiologie des dents, et qu'ils ont consignées dans des ouvrages trop peu répandus en France.

Le gouvernement de la grande Bretagne, appréciant les travaux de ces savans, aperçut bientôt la nécessité d'instruire sur les maladies des dents et de la bouche, les chirurgiens qu'il employe dans ses nombreux vaisseaux. Il institua un cours spécial de médecine-dentaire à l'hôpital de Guys, où le professeur Fox remplissoit avec distinction, il y a encore quelques mois, l'honorable tâche qui lui était confiée. Mais la mort vient de l'enlever à sa patrie et à l'art auquel il a rendu d'éminens services.

Sans vouloir démêler les raisons qui ont empêché les chefs de l'enseignement médical en France, de s'occuper de cette branche, efforçons-nous, messieurs, de regagner le temps que nous a fait perdre l'opposition de ceux qui, au lieu de comprimer l'émulation, auraient dû l'encourager.

Depuis 1700, on a reçu des chirurgiens-dentistes, mais par une controverse assez bisarre, notre faculté consultée à diverses reprises par des ministres amis de l'humanité, a constamment trouvé inutile de les faire instruire au delà de ce qu'elle leur enseigne elle-même. Depuis deux cents ans on a multiplié les cours sur toutes les branches de l'art de guérir; les accouchemens, les maladies siphilitiques ont été le sujet de cours spéciaux. Les maladies des yeux, qui ne sont plus professées isolément aujourd'hui, l'étaient, il y a vingt-cinq ans : la médecine dentaire seule a donc été délaissée. Malgré la profondeur de leur savoir, ce que les professeurs en disent dans leurs leçons, ne peut suffire à ceux qui veulent en faire particulièrement l'objet de leur pratique.

Chaque auteur de nosologie place, il est vrai, les maladies des dents et de la bouche dans ses cadres, mais elle semble n'être là que pour faire nombre, et ce qu'il en dit est tellement insuffisant, que ceux qui veulent se livrer spécialement à cette étude, sont obligés d'aller dans les écrits de simples dentistes, puiser des connaissances que ne peuvent enseigner des savans, qui n'en traitent que superficiellement.

Les anciens anatomistes Albinius, Eustachi, Fallope, et plusieurs, tels que Dulaurant, chirurgien de Henry-le-Grand, ont donné de fort bons articles sur ce sujet. Depuis eux, tous les ouvrages d'anatomie en ont traité plus ou moins. Guilmeau, Scullet, Dionis, Bertin, et autres plus modernes, se sont tous copiés.

L'art du dentiste est assez étendu pour occuper exclusivement quelques individus, dans chaque ville : (*) c'est pourquoi on recevait autrefois et on reçoit encore aujourd'hui des dentistes. Mais s'ils se bornaient uniquement à ce qui leur semble être dévolu par ce titre, s'il était possible sur-tout de les empêcher de traiter quelques maladies dont la bouche est le siége, et pour lesquelles le public les consulte de préférence aux médecins

(*) Il devrait y avoir au moins dans chaque ville un chirurgien-dentiste : il n'y en a que dans quelques grandes villes de France.

même, cet art étant réduit à l'extraction d'une dent cariée et au mécanisme de la prothèse, il serait presque inutile de vous en entretenir: mais il en est bien autrement, celui qui reçoit de la faculté la permission d'opérer sur les dents, se croit en droit de tout entreprendre. Caché derrière son modeste diplôme, il s'occupe dans la pratique de toutes les maladies qui se portent vers la bouche, et qui dépendent d'affections très-différentes. Consulté chaque jour pour des névralgies, des aphtes, des dépôts, des altérations de la salive, des nécroses, des ulcères vénériens, toutes maladies indépendantes des dents, mais qui causent celles de ces précieux organes, le désir de se former une clientelle, lui fait oublier ce que l'indulgence lui a accordé: il anticipe toujours, parce que l'amour-propre s'oppose à ce qu'il avoue son impéritie; ou bien il n'appelle à son secours qu'après avoir rendu la maladie plus grave.

Il est donc essentiel que celui qui veut se livrer à l'exercice d'une branche de notre art, en connaisse l'ensemble.

Cependant la médecine renferme tant de parties susceptibles d'être pratiquées isolément, qu'il est impossible à un homme, tel savant qu'il soit, de les exercer toutes, et quand bien même il en existerait un dont le vaste génie pourrait embrasser également les diverses

diverses conceptions qu'entraîne l'étude des sciences médicales, à coup sûr, le jour, pour lui, serait trop court de moitié.

Ne pourrait-on pas comparer cet art à un arbre majestueux, dont les branches s'étendent au loin ? L'abondance des fruits qui le chargent s'oppose à ce qu'un seul homme puisse les cueillir tous. On soigne le tronc et les racines, on les arrose en famille, mais au temps de la récolte, chacun prend le soin de faire celle du rameau dont il croit atteindre plus sûrement le sommet.

Ainsi donc, dans l'impossibilité physique de cultiver avec le même succès toutes les parties de ce grand art, je crois qu'après l'avoir étudié dans son entier, on doit se livrer dans des cours particuliers, à l'étude des maladies qui affectent quelques parties du corps, et sur lesquelles on veut fixer spécialement son attention. Il n'est aucun de vous, messieurs, qui ne sente cette vérité, mise d'ailleurs en pratique depuis long-temps et suivie encore aujourd'hui par les médecins les plus estimés. En effet n'en est-il pas qui se livrent particulièrement à l'exercice de quelques maladies ? L'un s'applique à celles de la peau, l'autre à celles des yeux, celui-ci aux maladies de la bouche, celui-là aux accouchemens. Certes, celui de ces hommes qui appliquera les connaissances générales de l'art à l'étude de quelques maladies seulement, y deviendra plus profond et les traitera avec plus d'expérience. Si chacun de ces médecins se plaît ensuite à communiquer aux jeunes gens ce que sa pratique lui aura appris, ceux-ci trouveront des moyens plus certains de s'instruire dans la partie vers laquelle ils se sentiront plus de penchant.

L'enseignement, au moyen des cours publics ou particuliers, est le seul par lequel on fait circuler les connaissances de tous côtés. C'est un feu qui brûle avec d'autant plus de force, qu'on l'attise davantage. Les cours sont encore des moyens d'éviter aux élèves les frais d'une bibliothèque dispendieuse et de les guider dans le choix des ouvrages recommandables. C'est à ce mode d'instruction que la France doit l'avantage de posséder des sujets si distingués et en aussi grand nombre.

Nous suivrons donc cette marche, et à l'exemple de Hunter et de Fox, nous nous entretiendrons sur les divers organes qui composent la bouche, nous puiserons chez ces savans ce qu'ils ont dit de la dentition. Nous jetterons un coup-d'œil sur l'anatomie comparée, c'était celle que l'on consultait lorsque les mains timides des anciens médecins étaient arrêtées par le respect qu'on avait pour les morts.

Elle nous sera sur-tout d'un grand secours pour expliquer quelques phénomènes qui s'opèrent dans les mâchoires de l'homme, mais dont il est plus difficile de suivre le développement à raison de la petitesse des parties. C'est ainsi que le botaniste étudie la circulation des fluides dans les arbres majestueux, pour en faire l'application à la physiologie de l'humble plante qu'il foule sous ses pas.

C'est sur les animaux qu'il nous sera possible de découvrir des faits dont notre curiosité s'inquiète, et que notre esprit recherche avec avidité, nous mettrons donc à contribution ces êtres soumis à la domination de l'homme, et qui, après nous avoir été nécessaires pendant leur vie, nous deviendront encore utiles après leur mort.

N'est-ce pas ainsi que quelques savans *hippiâtres* ont fait toutes ces découvertes, qui font notre richesse médicale. Là c'est Harvée, démontrant la circulation, puis Asellius, découvrant les vaisseaux du chyle. Pecquet bientôt aperçut le réservoir de ce nom. Sténon, le canal parotidien; là c'est Duhamel, cherchant à dérober à la nature les mystères dont elle environne l'ossification, Haller les cherche avec la même ardeur, et est imité par Bordenave, auquel on doit les meilleures idées sur la formation du cal; enfin Buffon, Vic-d'Azir, Bertin, et tous nos immortels physiologistes, Sabatier, Bichat et autres, ne nous ont-ils pas montré la route à suivre? Quel champ vaste à parcourir? Mais, hélas! pourquoi la vie est-elle si courte?

Après avoir entendu les leçons des savans professeurs de notre école, et avoir vu répéter par eux toutes les belles expériences de ces grands maîtres : après qu'ils vous auront entretenus des découvertes qui leur sont particulières, vous viendrez, messieurs, jeter un coup-d'œil sur celles que nous ferons touchant le sujet qui nous occupe. Ce sera moins un travail que le rassemblement en un même corps d'observations éparses ; la répétition d'opérations faites sous vos yeux dans les hôpitaux, et par ces hommes dont nous admirons les talens. Nous recueillerons les matériaux qui sont enfermés dans quelques-uns de vos cahiers, et nous leur donnerons une plus grande publicité. Les observations qui auront été faites par l'un ou par l'autre de vous, seront lues, et nous remercierons publiquement celui qui nous les aura communiquées ; c'est ainsi que nous irons puiser dans la pratique des savans professeurs, MM. Boyer, Dupuytren, Dubois, Richerand et autres, des modèles à suivre dans les grandes opérations que nécessitent les maladies quelquefois très-graves de la bouche ; nous récolterons de toutes parts, nous consulterons les écrits de nos plus fameux dentistes; Jourdain et M. Duval nous prêteront leur expérience. Fauchard, Laforgue, Gariot, Magiolo et autres seront consultés pour le mécanisme ; nous lirons les ouvrages de tous ces praticiens, sans prévention et avec un esprit impartial, ouvert à la vérité et résolu à la reconnaître, de quelque part qu'elle vienne. Mais, afin de ne pas nous perdre au milieu de nos richesses, nous les classerons en les rapportant, autant que possible, aux cadres nosographiques que nous ont donnés les savans professeurs de notre faculté.

Nous arrêterons spécialement notre attention sur la médecine dentaire, qui n'étant point cultivée par eux, n'a pu encore être enseignée publiquement; les dents présentent des particularités suivant les différens tempéramens, l'âge, l'état de santé parfaite ou de maladie, qu'il sera bon de nous indiquer. La membrane muqueuse de la bouche étant souvent la boussole qui guide le médecin dans la route toujours si épineuse de guérir les maladies, fera également le sujet de nos remarques. J'appelerai votre attention sur l'état de la bouche dans les maladies internes, et sur les inductions qu'on en peut tirer.

Les hommes d'aujourd'hui ont, par une sage philosophie, agrandi la sphère des idées. Les sciences physiques ont fait, de nos jours, des progrès surprenans. Les arts, en se prêtant un mutuel appui, se sont perfectionnés. Celui qui était encore au berceau, il y a quelques années, est devenu un des puissans soutiens de notre industrie nationale. La chimie n'offre-t-elle pas un exemple frappant de cette vérité?

et ne doit-elle pas une partie de ses succès à la méthode adoptée pour en favoriser l'étude?

Un savant de qui nous sommes les élèves, et dont en prononçant le nom, tout jeune médecin se sent pénétré de respect, l'Hyppocrate de nos jours, dont le style simple, quoiqu'élégant, est débarrassé de ce qu'avait d'obscur, celui de quelques anciens, a rendu d'éminens services à l'enseignement médical. Abandonnant l'oiseuse manière de conter de ses devanciers, il nous a donné une nouvelle classification des maladies, dès-lors l'étude en est devenue pour nous, plus simple et plus facile. La nosographie philosophique est l'examen des maladies faites sur le malade même, et si elle ne donne pas de tact au médecin, elle l'empêche au moins de s'égarer.

Vous savez quelle influence elle a eue sur l'éducation médicale, vous savez que toute l'Europe savante l'a applaudie et adoptée. Un célèbre professeur, à qui aucune science n'est étrangère, nous a enseigné l'anatomie avec quelques feuilles de papier. La chirurgie doit à M. le professeur Richerand, une nouvelle manière d'être étudiée. Cependant, messieurs, tous ces trésors qui doublent notre existence dans la carrière médicale, ne seraient-ils pas perdus, si étant renfermés dans les cahiers de leurs auteurs, ou dans des mémoires isolés, ils n'eussent été rassemblés en un corps par ceux qui les avaient amassés aux dépens de leurs veilles, et rédigés dans une profonde méditation ? Suivons donc les traces de ces hommes distingués, éclairons-nous de leurs lumières, appliquons leurs découvertes à nos recherches, et parcourons la carrière où ils se sont tant illustrés. Nos maîtres ont embrassé l'art dans sa totalité, c'est une immense perspective, dont leur génie a indiqué les divers points de vue, copions-les pour l'ensemble, mais de même que les élèves d'un peintre célèbre, ne se destinent pas tous à faire de grands tableaux, appliquons-nous à approfondir celle des branches de l'art pour lequel nous nous sentons plus de goût et de dispositions.

Tous les principes de la médecine et de la chirurgie sont certainement applicables aux affections de la bouche, cependant il y a toujours quelques différences dans les maladies, suivant le lieu qu'elles occupent. On est souvent plus embarrassé de faire dans la pratique une juste application de la théorie des écoles, que d'y puiser l'instruction. C'est ce motif qui a fait adopter par les modernes, l'enseignement clinique, comme le seul qui puisse remédier aux défauts des années, et d'une longue expérience que le temps seul peut donner. Mais ces leçons cliniques sont particulièrement affectées aux grandes maladies, les jeunes docteurs y puisent à peine quelques idées sur celles dont nous traiterons:

ce qui prive la société des secours qu'elle a droit d'attendre d'eux.

Quoique la chirurgie de la bouche ne soit qu'une ramuscule du grand art de guérir, elle est encore si étendue, que celui qui la cultive, regrette chaque jour d'y rencontrer une si grande quantité de lacunes, loin encore d'être comblées. Un jeune médecin qui voudrait se livrer à l'exercice de l'art du dentiste, sans avoir suivi un cours de pratique, ressemblerait à un géographe de cabinet que l'on transporterait au milieu d'un pays qu'il n'aurait vu que sur la carte. Assurément à l'aide de ses instrumens, il parviendrait à se tracer un chemin, et il gagnerait enfin un lieu habité. Cependant n'y serait-il pas arrivé plus vîte s'il se fût rencontré sur sa route un voyageur, moins savant que lui, mais qui connût jusqu'au moindre sentier ? M'étant trouvé moi-même dans cette position, j'ai senti tout ce qu'elle avait de fâcheux, il m'a fallu rassembler de divers côtés, ce que je jugeais nécessaire de réunir pour m'éclairer dans ma pratique. Ce sont ces matériaux qui me serviront dans ce Cours, ils me soutiendront dans la tâche honorable, mais épineuse, que je m'efforcerai de remplir. Pour y parvenir, et sur-tout pour vous instruire convenablement, il faudrait réunir une masse de connaissances que je ne me flatte pas de posséder; c'est pourquoi je ne me dissimule pas combien je suis au-dessous de l'entreprise. Mais, messieurs, quoique je n'ose envisager sans inquiétude la hardiesse de mon projet, je me trouve soutenu par l'idée qu'étant le premier qui vous aurai entretenu de cette partie intéressante de l'art médical, j'ai tout à attendre de l'indulgence de mes auditeurs en faveur de l'intention qui me détermine; il est encore un motif plus puissant, c'est la certitude que j'ai, qu'il s'élevera parmi vous des hommes qui, en ajoutant aux connaissances d'aujourd'hui, seront plus capables que moi, d'instruire à leur tour. Cette pensée me sourit et m'encourage, il est toujours agréable d'avoir donné l'éveil à des talens qui seraient restés sans développement, s'ils n'avaient été stimulés.

Dans le Cours que je me propose de faire, nous ne nous arrêterons point à combattre telle opinion admise par les uns, rejettée par les autres, ce serait nous plonger dans un dédale de discussions, qui nous écarteraient du but : nous n'aurons, en conséquence, d'autres livres que la nature (*).

(*) En disséquant des mâchoires de fœtus de divers âges, je fis des découvertes, qui devinrent le sujet de ma thèse de réception, soutenue à l'École de Médecine de Paris, le 31 décembre 1806.

Dans le courant de 1807, une circonstance m'ayant mis en rapport avec Fox, professeur de médecine-dentaire à Londres, je la lui envoyai. Il vérifia ce que j'y annonçais, et en a tiré parti (*sans me citer*) dans l'ouvrage qu'il a fait imprimer en 1813, et dont il m'adressa un exemplaire.

Les enfans sont sujets à diverses affections, à l'époque de la sortie des dents. L'examen sévère de faits exacts, nous fera distinguer celles qui en proviennent, d'avec les maladies qui peuvent attaquer l'enfant à cette époque de la vie.

Je diviserai ce Cours en deux parties. Dans la première, qui sera toute médicale, nous nous occuperons de l'anatomie de la bouche en général, nous nous appésantirons davantage sur celle des dents; le développement, l'accroissement, et la chûte naturelle de ces organes, donneront une ample matière à nos recherches; les maladies de leur tissu, les diverses opérations qu'elles nécessitent, les affections qui se portent aux gencives, et aux autres parties molles, arrêteront également notre attention. Les soins qu'exige l'arrangement des dents, lors de la deuxième dentition, soins d'où dépendent une partie des

---

Je les ai consignées de nouveau en 1815, dans un Opuscule, renfermant quatre planches, et ayant pour titre *Odontologie*, et dont il y a eu 1500 exemplaires de distribués.

M. Serres, directeur des travaux anatomiques des hôpitaux, vient de faire imprimer tout récemment un ouvrage, dans lequel, par erreur, il s'attribue plusieurs découvertes anatomiques, que j'ai annoncées en 1806 et en 1815.

Je n'en revendiquerais pas la priorité, si en faisant un Cours, je n'avais besoin de les mentionner, et qu'il serait fâcheux pour moi, que beaucoup d'élèves, sachant que j'ai eu diverses entrevues avec M. le docteur Serres, ne me soupçonnassent d'être son plagiaire.

agrémens de la face, une bonne mastication, et une prononciation facile, seront le sujet de quelques conférences. Enfin l'examen des instrumens employés aux diverses opérations, nous conduira à choisir ceux qui sont préférables, et par suite à perfectionner ceux qui peuvent avoir besoin de l'être. Nous suivrons les progrès de l'art, et nous rendrons hommage à ceux auxquels on doit *quelques découvertes.*

Delà, passant à des sujets moins affligeans, nous nous occuperons de la prothèse dentaire, c'est alors que j'aurai le plaisir de placer sous vos yeux, tout ce que l'art a fait jusqu'ici de plus ingénieux, pour cacher l'infirmité de la perte des dents.

Ici le dentiste, sans cesser d'être médecin, a besoin d'acquérir des connaissances particulières dans la mécanique; cette partie de son art paraît entièrement étrangère à celui de guérir. Cependant il doit toujours en faire une application judicieuse; il doit calculer la sensibilité des dents et des gencives, suivant les individus, ou le dégré de faiblesse des organes qui servent d'appui à ses machines. Ayant toujours devant les yeux les principes d'une bonne physiologie, il doit encore balancer les avantages et les inconvéniens de la prothèse qu'il se propose de faire. Il n'est point d'art plus agréable à exercer, il n'en est point qui présente quelquefois plus de difficultés, il n'en est point non plus qui demande plus de patience et d'adresse : tantôt c'est un palais artificiel, qu'il est nécessaire de fabriquer avec la parfaite connaissance des formes de la partie dont il doit tenir lieu, et des moyens les plus propres à éloigner les diverses incommodités que son emploi peut déterminer; tantôt, à l'aide de la prothèse, il faut rendre à la bouche ridée du vieillard, la grâce de la jeunesse, à la voix ce qu'elle a perdu de sonore, à l'estomac les instrumens que la nature lui avait accordés pour l'aider dans ses fonctions; ainsi on restitue à la face le caractère viril que l'absence des dents lui a fait perdre, l'absence de ces organes change le sourire en grimace, la prononciation s'exécute péniblement, la conversation y perd tous ses agrémens, enfin il n'est point de *beautés* sans dents. La femme qui tient à ses charmes, employe cette petite ruse, le prédicateur persuasif, le magistrat sévère, l'avocat éloquent, y ont également recours. Cette partie de notre art est véritablement la fontaine de Jouvance.

L'idée de remplacer les dents n'est pas nouvelle. Hérodote rapporte que les Egyptiens avaient un soin extrême de ces petits os, et qu'ils suppléaient par l'artifice à la perte qui en est assez fréquente sur les rivages du Nil. De tout temps on fut sensible aux agrémens de la physionomie, c'est pourquoi on a dû employer tous les moyens possibles, afin d'éviter la difformité qu'occasionne l'absence d'un ou de plusieurs de ces organes.

L'Hypopotame , dont les énormes dents sont depuis long-temps la mine où l'on taille celles qu'il est nécessaire de remplacer chez l'homme, a sans doute été mis à contribution chez eux, avant que les autres peuples connus en fissent usage, parce qu'il est indigène de ces contrées. Delà elles ont été portées dans la Grèce, où elles durent être très-recherchées, en raison de ce que les femmes de ce pays tenaient singulièrement à leur beauté, et s'efforçaient d'arrêter par toutes sortes de moyens les injures du temps destructeur. Aussi les poëtes de l'antiquité ont fait l'éloge des belles dents, Homère, Virgile, Ovide, les ont célébrées, ils ont chanté une bouche vermeille et fraîche; les sages même étaient sensibles à l'attrait séduisant d'une belle denture.

Martial, le poëte le plus satyrique qui fût à Rome, du temps des empereurs Galba et Domitien, fit de nombreuses epigrammes contre ceux dont les dents étaient sales et dégoûtantes.

Les Romainés furent très-soigneuses de ce précieux ornement de la beauté; on retrouve les compositions des dentifrices les plus vantés chez elles, et qui avaient été employés par les femmes des empereurs, et les courtisanes les plus célèbres. Le même Martial vante le talent d'un nommé Cascellius, qui était dentiste à Rome, dans les premiers temps de l'ère chrétienne. Non-seulement les peuples policés de l'antiquité prirent des soins particuliers de leurs dents, et cherchèrent à en réparer la perte par des procédés mécaniques, mais encore les voyageurs nous rapportent que les Indiens, les peuplades de l'Amérique et de l'Asie, en se formant des idées diverses sur la beauté de ces organes, les teignent ou les taillent de diverses manières. Le professeur Fox a fait dessiner la denture d'un Abyssinien, dont les six dents incisives de chaque mâchoire sont taillées en pointe comme celles des poissons.

C'est en arrêtant ainsi nos regards sur les diverses parties de l'art du dentiste, que nous sentirons qu'il forme une branche assez considérable pour nécessiter une étude moins superficielle que celle à laquelle on se livre dans nos écoles publiques. Il est nécessaire à tous les médecins d'en avoir des notions plus exactes que celles qu'on leur en donne, parce que, se répandant dans les provinces, ils auront une foule d'occasions de mettre en pratique ce qu'ils en auront appris : il est avantageux, en outre, à ceux d'entre les étudians qui se sentiraient du goût pour la cultiver, de leur donner les moyens de s'en occuper d'une manière spéciale.

D'après cela, le voile dont quelques intérêts

personnels ont couvert les procédés opératoires de cette portion de l'art de guérir, sera levé pour tous ceux d'entre vous qui suivront le Cours que je me propose de faire.

Cependant, messieurs, vous le dirai-je ? il ne se trouvera certainement parmi vous qu'un petit nombre d'élèves qui goûteront du plaisir à se livrer exclusivement à l'étude de l'art du dentiste ; il y a beaucoup d'hommes susceptibles d'acquérir de la science, il y en a très-peu qui puissent s'occuper avec succès du mécanisme. Les doigts doivent avoir une adresse, l'esprit a besoin d'une certaine aptitude particulière que la science ne donne pas. Pour être bon mécanicien dentaire, il faut savoir manipuler les métaux, et n'être étranger à aucun des arts, dont on emprunte à chaque minute quelque procédé ingénieux ; ici l'horloger nous enseigne à travailler sûrement et avec exactitude, l'orfèvre nous apprend à souder, à fabriquer des palais artificiels, à contourner des ressorts en or et en platine, le fondeur nous enseigne à tirer des modèles en plâtre ou en bronze ; le dentiste emprunte du porcelainier et du chimiste, le moyen de composer des substances minérales, tellement durcies par l'ardeur du feu, qu'elles réunissent à la solidité et à la couleur des dents humaines, le précieux avantage d'être inaltérables à l'action de la salive ; moyen précieux qui fut inventé en France, il y a vingt-cinq ans, et qu'on a porté dans ces derniers temps, à sa plus grande perfection.

Avant de terminer, qu'il me soit permis d'acquitter la dette que j'ai contractée envers Messieurs les Membres du Conseil général des Hospices. Ces hommes bienfaisans, dignes de la confiance d'un Monarque dont les yeux sont sans cesse tournés vers le bonheur des Français; non contens de m'avoir accordé un emploi honorable dans un des établissemens confiés à leurs soins, ont daigné ajouter à ce bienfait, qui ne me serait que personnel, celui de rendre mes observations profitables non-seulement à ceux qui sont dans cet asile offert à l'indigence, mais encore aux Elèves des hôpitaux, en favorisant le projet que j'avais formé depuis long-temps, d'être de quelqu'utilité aux Etudiants, et par ce moyen à la société en général.

FIN.

www.ingramcontent.com/pod-product-compliance
Ingram Content Group UK Ltd.
Pitfield, Milton Keynes, MK11 3LW, UK
UKHW021030200726
13857UKWH00004B/1691

9 782011 907530